BEI GRIN MACHT SICH IHR WISSEN BEZAHLT

AF156617

- Wir veröffentlichen Ihre Hausarbeit,
  Bachelor- und Masterarbeit

- Ihr eigenes eBook und Buch -
  weltweit in allen wichtigen Shops

- Verdienen Sie an jedem Verkauf

Jetzt bei www.GRIN.com hochladen und kostenlos publizieren

GRIN

Kreativitätstechniken zur Problemlösung. Vorstellung verschiedener Techniken, ihre Anwendung und Präsentation

GRIN

Bibliografische Information der Deutschen Nationalbibliothek:

Die Deutsche Nationalbibliothek verzeichnet diese Publikation in der Deutschen Nationalbibliografie; detaillierte bibliografische Daten sind im Internet über http://dnb.d-nb.de abrufbar.

ISBN: 9783346362209
Dieses Buch ist auch als E-Book erhältlich.

© GRIN Publishing GmbH
Nymphenburger Straße 86
80636 München

Alle Rechte vorbehalten

Druck und Bindung: Books on Demand GmbH, Norderstedt Germany
Gedruckt auf säurefreiem Papier aus verantwortungsvollen Quellen

Das vorliegende Werk wurde sorgfältig erarbeitet. Dennoch übernehmen Autoren und Verlag für die Richtigkeit von Angaben, Hinweisen, Links und Ratschlägen sowie eventuelle Druckfehler keine Haftung.

Das Buch bei GRIN: https://www.grin.com/document/993468

Einsendeaufgabe

Selbstmanagement – Aufgabenstellung A

Modul: Selbstmanagement

Studiengang: BACHELOR OF ARTS (B.A.) IN BETRIEBSWIRTSCHAFT

Inhaltsverzeichnis

Abkürzungsverzeichnis

Abb.	-	Abbildung
bspw.	-	beispielsweise
bzw.	-	beziehungsweise
ca.	-	circa
d.h.	-	das heisst
et. al	-	und andere
min	-	Minute/n
sog.	-	sogenannt
u.a.	-	unter anderem
Vgl.	-	vergleiche
z.B.	-	zum Beispiel

Abbildungsverzeichnis

Genderverweis

In dieser Arbeit wird aus Gründen der besseren Lesbarkeit das generische Maskulinum verwendet. Weibliche und anderweitige Geschlechteridentitäten werden dabei ausdrücklich mitgemeint, soweit es für die Aussage erforderlich ist.

1 Kreativitätstechniken

Nachfolgend wird die Problemstellung erläutert, bevor die geeigneten Kreativitätstechniken für jene vorgestellt werden.

1.1 Die Problemstellung

In einem Unternehmen mit bundesweit 1'200 Mitarbeiter, welches sich auf den Kernbereich «betreutes Wohnen, stationäre Pflege, Senioren-Wohngemeinschaften, Generationenhäuser und Hilfen für das Leben zu Hause» spezialisiert hat, ist es wichtig, qualifizierte Fachkräfte im Unternehmen zu haben. Es ist ausgesprochen schwierig, erfahrene Kräfte in diesem Wirtschaftszweig zu finden. Die Fluktuation ist hoch, es sind 68 Stellen vakant. Ein Blick auf die Fehlzeiten der Mitarbeiter zeigt eine Steigerung der Krankmeldungen in den letzten drei Jahren um 23.4 Prozent.

Aufgrund der genannten Informationen werden folgende zwei Problemstellungen definiert:
1) Mitarbeitermotivation
2) Fluktuation

Die Problemstellung «Mitarbeitermotivation» ergibt sich aus dem Punkt der anhäufenden Fehlzeiten sowie der Steigerung der Krankmeldungen in den letzten drei Jahren. In solchen Fällen kann eine Distanzierung von Aufgaben und Arbeiten angenommen werden, was einer innerlichen Kündigung nahekommt. Die Einsatzbereitschaft sinkt und der Gedanken an eine innere Kündigung wächst aufgrund enttäuschter Erwartungen weiter.[1]

Die zweite Problemstellung «Fluktuation» ergibt sich aus der hohen Anzahl vakanter Stellen. Ein langfristiges Arbeitsverhältnis fördert die Wertschätzung der Mitarbeiter, bildet Vertrauen und erhöht die Bereitschaft arbeitsintensive Phasen gemeinsam zu überstehen. Ebenso ist ein langfristiges gemeinsames Engagement die Grundvoraussetzung, sich in einem Unternehmen zu entwickeln und sich ein breitgreifendes fachinternes Wissen anzueignen.[2]

---

[1] Vgl. Saas (2019), S. 117
[2] Vgl. Saas (2019), S. 11

1.2 Ausgewählte Kreativitätstechniken

Bekannt sind diverse Kreativitätstechniken wie zum Beispiel: Brainstorming, Delphi-Methode, Brainwriting, 6 Hüte, Morphologische Methode, Synektik, Bionik, Wertanalyse und der Relevanzbaum.[3] Nachfolgend werden die ersten zwei in Bezug auf die Problemstellung beschrieben, ihre Vor- sowie Nachteile erläutert und auf ihre Eignung für diese Problemstellung geprüft.

1.2.1 Brainstorming

Unter Brainstorming versteht man eine Methode der Ideenfindung, bei welcher Gruppenteilnehmer Ideen willkürlich und ungefiltert beitragen. Diese Ideen werden in einem ersten Schritt ohne Wertung oder Zensur gesammelt und anschliessend ausgewertet.[4] Das Grundprinzip des Brainstormings liegt in der freien Assoziation. Das Ziel dabei ist, dass die Mitarbeiter miteinbezogen und ermutigt werden, viele sowie ungewöhnliche Ideen zu entwickeln, welche einem späteren Lösungsansatz dienen. Es ist wichtig, dass die Mitarbeiter die Partizipation fühlen können und die Lösung erst zu einem späteren Zeitpunkt entwickelt wird.[5]

Aufgrund der hohen Mitarbeiteranzahl, 1'200 Mitarbeitenden, ist es entscheidend, dass die Kreativitätstechnik schnell erlernbar ist und an verschiedenen Orten zu unabhängigen Zeiten durchgeführt werden kann, was bei der Brainstorming-Methode der Fall ist. Ebenfalls sind eine hohe Flexibilität und geringe Kosten gewährleistet.

Die optimale Teamgrösse für ein Brainstorming liegt bei etwa vier bis zehn Teilnehmern.[6] Bei 1'200 Mitarbeitenden müssten somit 100 bis 300 Teams gebildet werden. Eine weitere Voraussetzung ist die hohe Abhängigkeit bezüglich der Disziplin der Mitarbeitenden. Die Teilnehmenden müssen sich an die Regeln halten und diese entsprechend umsetzen. Zusätzlich ist die Kreativitätstechnik abhängig vom Wissen, der Motivation und der Kompetenzen der Mitarbeitenden. Innerhalb der

---

[3] Vgl. Arenberg (2015), S. 26
[4] Vgl. Ionos (2018)
[5] Vgl. Müller (2020)
[6] Vgl. Schawel / Billig (2014), S. 57

Gruppe kann die Anonymität nicht gewährleistet werden, da man auf die Mitarbeiterinputs und den aktiven Austausch angewiesen ist.

Zusammenfassend kann gesagt werden, dass die Vor- die Nachteile überwiegen und die Brainstorming-Methode somit für beide Problemstellungen geeignet ist.

1.2.2 Delphi-Methode

Mithilfe des Delphi-Verfahren wird ein mehrstufiges und standardisiertes Befragungsverfahren ermöglicht, welches mittlerweile in einer Vielzahl von verschiedenen Definitionen und Varianten zur Anwendung kommt.[7] Die Kreativitätstechnik dient dazu, künftige Trends und Entwicklungen einschätzen und entsprechende Rückschlüsse ziehen zu können. Wie erwähnt, gibt es in der Praxis verschiedene Durchführungsmöglichkeiten, welche jedoch grundsätzliche Gemeinsamkeiten haben, wie beispielsweise die anonyme Expertengruppe, die Form der mehrstufigen Befragung und das Feedback an die Befragten.[8] Anhand des mehrstufigen Vorgehens wird versucht, die Gruppendynamik zu unterbinden und ihr entgegenzuwirken. Die erhaltenen Antworten und Einschätzungen werden ausgewertet und danach für weitere Befragungen weiterverwendet. Das Endergebnis bildet die Gruppenmeinung ab.

Obwohl die Delphi-Methode sehr solide ist, gehört sie zu den aufwendigeren Prognoseverfahren. Es dauert mehrere Runden und ist deshalb sehr zeit- und auch kostenintensiv. Als weiterer Kritikfaktor gilt die standardisierte Anwendung, welche durch situationsspezifische Faktoren erschwert werden. Zusätzlich können Verzerrungen entstehen, welche durch die Anonymisierung nicht vollständig eliminiert werden können.[9] Auf die im *Kapitel 1.1* genannte Problemstellung kann das Verfahren angewendet werden, jedoch überwiegen die genannten Nachteile, weshalb das Delphi-Verfahren im dargestellten Fall nicht zur Anwendung kommt.

Nachdem nun die Kreativitätstechnik festgelegt wurde, wird im nächsten Kapitel dargelegt, wie dieses Konzept fünf Führungskräften und einem Vertreter des Betriebsrates vorgestellt wird.

---

[7] Vgl. Wolf / Zerres (2017) S. 93
[8] Vgl. Wolf / Zerres (2017), S. 94 – 96
[9] Vgl. Wolf / Zerres (2017), S. 98

2 Konzept der Präsentation

Die zwei definierten Problemstellungen aus *1.1 Die Problemstellung* können anhand einer Reihe von Workshops mit verschiedenen Kreativitätstechniken in den einzelnen Abteilungen analysiert werden, sodass die Lösungen zu den identifizierten Problemen ermittelt werden können. Dieses Konzept wird vorgängig präsentiert und vorgestellt, um damit die Unterstützung aller Beteiligten zu gewinnen. In diesem Kapitel werden die Zielsetzung und Vorbereitung jener Präsentation vorgestellt

2.1 Zielsetzung der Präsentation

Das Ziel der Präsentation ist die Darstellung der Problemursachen, wozu die Problemstellungen *Mitarbeitermotivation* und *Fluktuation* evaluiert wurden. Mithilfe der Präsentation werden dazu verschiedene Handlungsmethoden und Konzepte vorgestellt, welche diesen Problemen entgegenwirken. Die anwesenden Führungskräfte werden informiert, überzogen und gleichzeitig motiviert, die Handlungsbereiche gemeinsam anzugehen. Besonders wichtig, um die Zuhörer überzeugen zu können, ist die Übermittelung der Kernbotschaft. Diese Kernbotschaft wird im nachfolgenden Kapitel erläutert.

2.2 Kernbotschaft der Präsentation

Ein Kernsatz zu formulieren ist oft komplex und zeitintensiv, weshalb er vielmals vernachlässigt wird. Ist jedoch in der Präsentation keine klare Kernbotschaft zu erkennen, werden die gebündelten Informationen nur teilweise an die Zuhörer vermittelt. Die Kernbotschaft wird daher in dieser Präsentation sichtbar niedergeschrieben, damit diese immer im Auge behalten werden kann. Die kontinuierliche Fokussierung auf den Kernsatz hilft, die Reihenfolge der Präsentation im Hinterkopf zu behalten.[10]

Die definierte Kernbotschaft für diese Präsentation lautet wie folgt:

«Mitarbeiter im Fokus! Die Mitarbeiterbindung und -zufriedenheit steigern»

---

[10] Vgl. Hüttmann (2018), S.10

Für die beiden Problemstellungen aus *Kapitel 1.1* werden verbunden mit der Kernbotschaft folgende Ziele definiert und davon jeweils eine Methode abgeleitet:

- Die Mitarbeiterfluktuation wird gemindert und die offene Anzahl Stellen reduziert. Aktuell sind 68 Stellen vakant, welche in den nächsten 12 Monaten auf 16 Vakanzen reduziert werden. Interessierte Bewerber erhalten anhand von bezahlten Schnuppertagen einen ersten Einblick, damit Anstellungen von kurzer Dauer reduziert werden können. Langjährige Mitarbeiter werden anhand von internen Mitarbeiterförderungsmassnahmen und Gratifikationen belohnt. Ebenfalls findet ein regelmässiger Austausch statt.
- Um der Steigerung der Krankmeldungen entgegen zu wirken, wird ein Belohnungsprogramm ausgearbeitet, welche Mitarbeiter mit geringen Fehlzeiten finanziell belohnt. Zusätzlich werden weitere Möglichkeiten geprüft, welche die Ursachen der Krankheitsmeldungen genauer analysieren.

Die obengenannten Beispiele sind als Entwürfe zu beachten und nicht als finale Lösungsvarianten. Zur weiteren Evaluierung der Mitarbeiterbedürfnisse findet eine globale Mitarbeiterumfrage statt.

2.3 Vorbereitung der Präsentation

In einem ersten Schritt wird die Einladung für die Präsentation des Konzeptes erstellt. Die Adressaten des Vortrages werden bereits vorab über das Präsentationsthema aufgeklärt, damit allenfalls bereits eigene Gedanken zum Thema gemacht und bei der Fragerunde platziert werden können. Der Zeitrahmen der Präsentation wurde vorgängig auf 20 Minuten festgelegt. Die PowerPoint-Folien oder anderweitige Unterlagen wie Handouts werden nicht vorgängig weitergeleitet, sondern erst kurz vor Präsentationsbeginn ausgegeben. Ebenfalls greift der Präsentationsraum das Thema entsprechend auf. Der Raum deckt die notwendige Ausrüstung ab und bietet genug Platz für die Anzahl Personen, welche auf fünf Führungskräfte und einen Vertreter des Betriebsrats festgelegt worden ist.

Nachfolgend wird mit der *Abbildung 1* ein geeigneter Präsentationsraum, welcher über das nötige Equipment und die nötigen Eigenschaften verfügt, dargestellt.

Abbildung 1: *Präsentationsraum für acht Personen* [11]

Wie in *Kapitel 2.1* erläutert, ist das Ziel der Präsentation, die Zuhörer über das Thema zu informieren, davon zu überzeugen und gleichzeitig dafür zu motivieren. Mithilfe von Texten und Bildern können getätigte Aussagen unterstrichen und besser eingeprägt werden. Anhand von Zeichnungen und Bildern kann das Gesagte beim Zuhörer besser verarbeitet werden und optische Darstellungen, bildliche Informationen sowie Skizzen werden schneller und besser aufgenommen. Ausserdem bilden sie eine Abwechslung in einem Vortrag.[12]

Als notwendige Gegebenheiten wurden definiert:

- ein Beamer und die entsprechende Präsensationsfläche,
- ein Whiteboard oder Flipchart mit den entsprechenden Utensilien,
- Bilder, Zeichnungen oder sonstige Illustrationen,
- sowie ein Redner- bzw. Präsentationspult.

Die genannten Präsentationswerkzeuge lassen sich untereinander kombinieren und während der Präsentation einbinden. Die Qualität der eingesetzten Medien beeinflusst den Vortrag massgeblich und sorgt für den gewollten Erfolg. Die Werkzeuge werden jedoch dosiert eingesetzt und übersichtlich gestaltet.[13]

---

[11] Eigenes Foto
[12] Vgl. Becker / Ebert / Pastoors (2018), S. 65
[13] Vgl. Becker / Ebert / Pastoors (2018), S. 65

2.4 Gliederung der Präsentation

Nachfolgend werden die Gliederung der Präsentation und in einem weiteren Schritt ihre einzelnen Phasen genauer vorgestellt.

Die Präsentation hat einen roten Faden und ist fortlaufend gegliedert. Der Mensch mag Orientierung, ein Gerüst oder einen Fahrplan. Wo keine Orientierungspunkte vorhanden sind, sucht er nach ihnen. Der Zuhörer kann den Präsentierenden auch daran messen, ob er die angekündigte Struktur einhält und regelmässig Bezug nimmt.[14]

Gemäss dem Modell von Dr. Albert Thiele wird die Präsentation in eine Einleitung, einen Hauptteil und einen Schlussteil gegliedert. Die Einleitung nimmt ca. 15 Prozent der verfügbaren Präsentationszeit in Anspruch, der Hauptteil in etwa 75 Prozent und die restlichen 20 Prozent werden dem Fazit und dem Schlussteil gewidmet.[15]

Um das vorgehende Modell aufzugreifen, wurde das untenstehende Grobschema ausgearbeitet. Dieses wird nachfolgend erläutert.

(1) Einführung/Einleitung
  - ➢ Vorstellung des Sprechers
  - ➢ Titel und Thema der Präsentation
  - ➢ Anlass für die Präsentation
  - ➢ Inhaltsverzeichnis

(2) Hauptteil
  - ➢ Bedeutung des Themas
  - ➢ Besondere Situationen
  - ➢ Aufgaben oder Problemstellungen
  - ➢ Alle Inhalte und Informationen zum Thema
  - ➢ Vergleiche und Ausblick

(3) Schlussteil
  - ➢ Fazit oder Kernbotschaft
  - ➢ Diskussionsrunde
  - ➢ Feedbackrunde
  - ➢ Verabschiedung

---

[14] Vgl. Hüttmann (2018), S. 4
[15] Vgl. Thiele (2010), S. 85

2.4.1 Einführung/Einleitung

Zu Beginn werden der oder die präsentierende Person vorgestellt, falls dieser oder diese noch nicht bekannt ist. Bestenfalls wird dies von jemandem übernommen, der den Zuhörern bekannt ist und als Initiator gilt, wie zum Beispiel ein Verwaltungsratsmitglied oder der CEO der Unternehmung.[16]

In einem nächsten Schritt stellt sich der Sprecher in den eigenen Worten kurz vor und erzählt einige ausgewählte Punkte aus seiner bisherigen Laufbahn und wie er oder sie zum Präsentationsthema gekommen ist. Die eigene Vorstellung erfolgt in einer kleinen mündlichen Rede, in welcher eine kurze Geschichte eingebaut werden kann. Es ist wichtig, die Aufmerksamkeit und das Interesse der Zuhörer zu erlangen, weshalb eine Neugier erweckt werden muss. Die Zuhörer sollen sich nicht nur den Anfang und das Schlusswort der Präsentation merken, weshalb es von Anfang an überzeugt werden muss. Gelingt der Einstieg in den Vortrag, ist das Publikum gespannt, ansonsten schaltet der Zuhörer bereits nach wenigen Sekunden ab.[17]

Danach wird auf das Präsentationsthema eingegangen und der Titel sowie das entsprechende Thema kurz erläutert. Ebenfalls wird auf den Anlass der Präsentation eingegangen. In einem weiteren Schritt wird das Inhaltsverzeichnis erklärt, sodass dem Zuhörer die Gliederung der Präsentation erkennbar wird. Ebenfalls ist es aus der Sichtweise des Zuhörers angenehm zu wissen, was ihn in den nächsten Minuten erwartet.[18] Die klare Linie der Präsentation wird dem Zuhörer immer wieder vor Augen geführt und die Agenda wird nicht nur einmal kurz gezeigt. Die Zuhörer haben dadurch während der Präsentation keine Orientierungsprobleme, sondern finden immer wieder Anhaltspunkte vor.[19]

Ein typisches Inhaltsverzeichnis einer Präsentation kann wie folgt aufgebaut sein:

(1) Begrüssung

(2) Einführung

(3) Kernbotschaft

(4) Zusammenfassung & Ausblick

(5) Fragen & Feedback

(6) Verabschiedung

---

[16] Vgl. Kushner et al (2019), S. 68
[17] Vgl. Becker / Ebert / Pastoors (2018), S. 62
[18] Vgl. Brede (2008), S. 33
[19] Vgl. Hüttmann (2018), S. 4

Da das Inhaltsverzeichnis auf der PowerPoint-Präsentation nur kurz eingeblendet und danach bereits auf die nächste Folie gewechselt wird, macht es Sinn, das Inhaltsverzeichnis nochmals separat abzubilden, beispielsweise auf einem Flipchart. Dieses kann illustriert und entsprechend farblich gestaltet werden. Ein Flipchart bietet oft mehrere Möglichkeiten, einerseits die gemeinsame Erarbeitung oder ein bereits vorgefertigtes Flipchart. Aufgrund des Zeitdrucks ist die ideale Möglichkeit ein vorgefertigtes Flipchart, welches während der Präsentation mit ein bis zwei Notizen (z.B. ein Abhaken der Themen) ergänzt wird. Durch den Medienwechsel werden verschiedene Informationskanäle verwendet, was den Zuhörer weiter anspricht.[20]

2.4.2 Hauptteil

Der Hauptteil stellt den Kern der Präsentation dar und übermittelt entsprechend die Kernbotschaft. Die wichtigen Punkte sollen dem Zuhörer in Erinnerung bleiben und zu weiteren Gedankengängen anregen.

Wie in Kapitel 2.3.1 erwähnt, ist der Hauptteil ca. 75 Prozent der gesamten Präsentation.[21] Bei einer Präsentationslänge von 20 Minuten entspricht dies ca. 15 Minuten. Eine wissenschaftlich fundierte Aussage bezüglich der Anzahl der Folien pro Präsentation gibt es nicht.[22] Gemäss der 10-20-30-Regel von Guy Kawasaki sollen bei einer Präsentation von 20 Minuten allerdings zehn Folien präsentiert werden.[23] Der Hauptteil kann somit auf acht Folien aufgeteilt werden.

Mithilfe eines «starken» Bildes pro Folie erhält diese bereits eine grosse Aussagekraft. Zusätzlich ist es wichtig, dass die Folie nicht überladen wirkt, d.h. möglichst wenig Text pro Folie. Sofern man mit Text arbeiten möchte, gilt es auf ganze Sätze zu verzichten und Bullet Points anzuwenden. Die Anzahl Bullet Points sind auf sechs pro Folie beschränkt. Ideal ist eine Schriftgrösse von 30+ Pt. für Text und ca. 44+ Pt. für Überschriften. Ebenfalls gilt es, sparsam mit Animationen umzugehen und grundsätzlich nach dem Motto «weniger ist mehr» zu agieren.[24]

---

[20] Vgl. Renz (2016), S. 73
[21] Vgl. Thiele (2010), S.85
[22] Vgl. Arenberg (2015), S. 96
[23] Vgl. Kawasaki / Fitzpatrick (2014)
[24] Vgl. Schott (2018), S. 105

Es ist wichtig, auf die Bedeutung des Themas einzugehen und diese den Zuhörern glaubwürdig zu übermitteln. Beispielsweise kann eine provokante Hypothese aufgestellt werden, welche auf einem anderen Medium, Beispielsweise einer Tafel, notiert wird. Dank diesem Hilfsmittel kann während der PowerPoint-Präsentation jeweils auf die Hypothese hingewiesen und diese widerlegt oder bestätigt werden.

Ebenfalls kann auf besondere Situationen und Problemstellungen innerhalb des Unternehmens eingegangen werden, falls ein Beispiel aus einer bestimmten Niederlassung bekannt ist. Mithilfe der sogenannten Storytelling-Methode bleiben erzählte Beispiele länger im Gedächtnis, als wenn man diese anhand Bullet Points auf einer PowerPoint-Präsentation erklärt bekommt.[25]

Als eine zusätzliche unterstützende Massnahme kann auf kurze Medienberichte eingegangen werden, welche beispielsweise börsenkotierte Unternehmen betreffen und somit bei den Beteiligten bekannt sein dürften. Diese Medienberichte können in gedruckter Form dem Präsentations-Handout beigelegt werden.[26]

Um einen Übergang zum Schlussteil zu erreichen, wird nach Möglichkeit auf den Ausblick hingewiesen und auf die sogenannten «Action Points» nach der Präsentation eingegangen. Mithilfe des Ausblickes wird dem Zuhörer signalisiert, dass man sich am Ende des Hauptteils der Präsentation befindet.

2.4.3 Schlussteil

Damit der Schlussteil den Zuhörern haften bleibt, braucht es nochmals eine kurze Zusammenfassung der Präsentation in ein bis zwei Sätzen sowie ein prägnantes Fazit mit der Kernbotschaft. Am meisten hilft ein Appell, ein Ausblick oder eine provokante Frage.[27]

Am Ende einer guten Präsentation gibt es Reaktionen in Form von Fragen und Kommentaren aus dem Publikum.[28] Aus Sicht des Vortragenden ist es ein gutes Zeichen, wenn vor allem inhaltliche Rückfragen aus dem Publikum kommen, dies

---

[25] Vgl. Medina (2013), S. 86
[26] Vgl. Fleig (2020)
[27] Vgl. Becker / Ebert / Pastoors (2018), S. 62
[28] Vgl. Arenberg (2015), S. 69

zeigt, dass die Zuhörer dem Gesagten folgen konnten. Sofern nicht alle Fragen während der Präsentation geklärt werden können, kann der Vortragende auf ausstehende Fragen am Ende nochmals eingehen.[29]

Bei einer Präsentation ist jedoch nicht nur die Gliederung wichtig, sondern auch Präsentationsmedien sowie -techniken. Diese werden deshalb im nachfolgenden Kapitel dargelegt.

2.5 Wahl der Präsentationsmedien bzw. -techniken

Die Präsentation wird mithilfe von PowerPoint, einem Flipchart und einer Pinnwand durchgeführt. Die Wahl fiel auf diese drei Medien, da sie gegenseitig ihre Nachteile optimal ausgleichen und somit einen Gesamtgewinn für die Präsentation darstellen.

Das Präsentationsmedium PowerPoint bildet den gewichtigsten Teil des Vortrages. Aufgrund der Einfachheit und der gegebenen Strukturen ist PowerPoint als Hauptmedium sehr geeignet. Mithilfe von PowerPoint kann die Präsentation vorab erstellt, verändert sowie vorbereitet werden und vorgefertigte oder bereits erarbeitete Teile können übernommen und das Unternehmenslayout zur Wiedererkennung verwendet werden. Die PowerPoint-Folien dienen dabei jedoch als Unterstützung und nicht als Präsentationsersatz.[30]

Unterstützt wird das Hauptmedium durch das Medium Flipchart, welches sicherstellen kann, dass das Inhaltverzeichnis während der gesamten Präsentation ersichtlich ist und somit im Gedächtnis des Publikums bleibt. Es wird prominent neben der Projektion der PowerPoint platziert, beispielsweise auf der linken Seite. Mit dieser Platzierung wird sichergestellt, dass das Publikum den Fokus auf die Präsentation nicht verliert und die nötige Aufmerksamkeit erhalten bleibt.

Ausserdem wird die Pinnwand verwendet, damit die Kernbotschaft der Präsentation prägnant platziert werden kann. Dieser Schritt kann durch die präsentierende Person mit einer kleinen Geschichte unterstützt werden. Die Geschichte greift dabei die Kernbotschaft auf und bildet eine sogenannte Eselsbrücke.

---

[29] Vgl. Becker / Ebert / Pastoors (2018), S. 65
[30] Vgl. Krist / Noll / Pick / Pielstick / Sayeed / Schmid / Schneider (2015), S. 96

Präsentationsmedien sind eine gute Möglichkeit, einen Vortrag langfristig im Gedächtnis zu behalten. Eine unterstützende Massnahme können sogenannte Handouts sein, das sind einheitlich formatierte Auszüge der Präsentation. Durch Handouts können die Zuhörer Notizen und Skizzen zu den Folien anfertigen, welche Nachhaltig an die Präsentation erinnern.

Da trotz der unterschiedlichen Präsentationsmedien die PowerPoint der gewichtigste Teil der Präsentation bildet, werden im nachfolgenden Kapitel die Prinzipien und Regeln, welche bei der Erstellung von PowerPoint-Folie beachtet werden, erläutert.

3 Prinzipien & Regeln bei der Gestaltung einer PowerPoint-Folie

Im Folgenden wird anhand einer PowerPoint-Folie der Konzept-Präsentation dargelegt, welche Prinzipien und Regeln bei der Gestaltung einer ProwerPoint-Folie beachtet werden. Die ausgewählte Folie visualisiert das Vorgehen ab der Erstellung bis zur Umsetzung der Mitarbeiterumfrage.

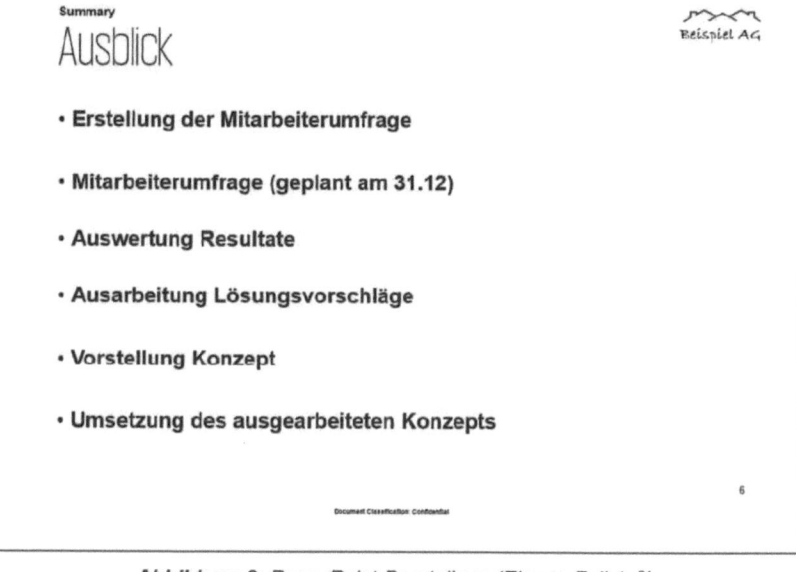

Abbildung 2: *PowerPoint-Darstellung (Eigene Folie)* [31]

Die Gestaltung der Folie beginnt bereits vor der Erstellung der Präsentation. Die Inhalte der Präsentation müssen professionell vorbereitet werden. Dazu gehören die effiziente Recherche und die Anpassung der richtigen Botschaften, welche an die Zielgruppe übermittelt werden. Die Präsentation vor dem Verwaltungsrat unterscheidet sich von einer Präsentation vor Pflegepersonal. Gewisse Fachbegriffe, welche dem üblichen beruflichen Sprachgebrauch entsprechen, werden vorausgesetzt.[32]

---

[31] Eigene Darstellung
[32] Vgl. Smith (2020)

Bei der Formatierung der Folie wurde darauf geachtet, dass wichtige Punkte als Schlagwörter bzw. Bullet Points aufgelistet oder einfach illustriert werden, damit diese visuell hervorstechen, ohne den Zuhörer zu überfordern und die zu übermittelende Botschaft zu komplizieren.[33]

Die Präsentations-Folie wurde einfach gehalten, sodass das Zielpublikum nicht von überfüllten Folien verwirrt und abgelenkt wird. Ebenfalls wurde darauf geachtet, dass der Kontrast der Schriftfarbe zum Hintergrund passt, die Schriftart leserlich ist und die Fotos bzw. Grafiken hochwertig sind. Die Texte und Überschriften sind frei von Fehlern und sie weisen keine unnötigen Auffälligkeiten auf.[34]

Zur Unterstützung des Zuhörers kann visuell dargestellt werden, wo man sich bei der Präsentation befindet. Im oben gezeigten Beispiel (siehe *Abbildung 2*) dient das Schlagwort «Summary» oberhalb des Titels als Orientierungshilfe, sodass mithilfe des Inhaltsverzeichnisses festgestellt werden kann, wo man sich gerade befindet. Danach folgt der Titel der Präsentationsfolie. Ebenfalls dient die Foliennummer auf der rechten unteren Seite als Orientierung.[35]

Ein weiteres Augenmerk liegt auf der Klassifizierung der Präsentation. In der oben gezeigten Folie wurde die Klassifizierung als «Confidential», zu Deutsch «Geheim/Vertraulich», festgelegt. Die PowerPoint-Folien wurden am unteren Ende der Folie entsprechend gekennzeichnet, so dass auch bei der Weitergabe der Präsentation die Klassifizierung ersichtlich ist.

Mit einer hochauflösenden Grafik, welche sich auf der oberen rechten Seite befindet, wird der Zuhörer und Leser der Folie abgeholt. Es wird ersichtlich, dass man in die Zukunft schauen möchte und das weitere Vorgehen ins Auge fasst. Das Bild ist aus der firmeninternen Fotobibliothek, sodass ein interner Wiedererkennungseffekt vorhanden ist. Ein weiteres Augenmerk liegt auf der sogenannten «Corporate Identity», zu Deutsch «Unternehmensidentität / -Identifikation». Sofern das Unternehmen über eine eigene Schrift oder ein eigenes Präsentationslayout verfügt, sollte dieses angewendet und verwendet werden. Ebenfalls sollte das Firmenlogo

---

[33] Vgl. Schott (2019), S. 105
[34] Vgl. Becker/Ebert/Pastoors (2018), S.66
[35] Vgl. Brede (2008), S. 33

auf der Präsentation ersichtlich sein, was ein Einheitsgefühl vermittelt und bei der Weitergabe an Drittpersonen zur Identifikation dient.[36]

Die Präsentation soll nach Möglichkeit geprobt und geübt werden. Miteinander zu kommunizieren ist nicht immer einfach und bedarf an Übung. Mit der Übung der Präsentation wird sichergestellt, dass die wichtigen Punkte dem Publikum gezielt übermittelt werden, der zeitliche Rahmen eingehalten werden kann und der oder die Präsentierende an Sicherheit gewinnt.[37]

Da in der heutigen Zeit besonders die Software PowerPoint im Zentrum steht, wenn es um die Erstellung von digitalen Präsentationen geht, werden im nachstehenden Kapitel die Bedeutung dieser Software, ihre Vor- und Nachteile sowie Alternativen vorgestellt.

[36] Vgl. Kushner et al. (2019), S. 132
[37] Vgl. Becker / Ebert / Pastoors (2018), S. 19

4 Bedeutung der Software PowerPoint

PowerPoint-Präsentationen sind in der jetzigen Zeit allgegenwärtig, trotzdem haben sie sowohl Vor- als auch Nachteile. Gute PowerPoint-Präsentationen bleiben weniger in Erinnerung, da diese in den Hintergrund treten und die zu übermittelnde Botschaft unterstützt wird. Oftmals bleiben schlechte PowerPoint-Präsentationen eher in Erinnerung, da sie von der präsentierten Botschaft ablenken und sie untergraben. Die nachfolgenden Punkte erläutern die Vor- sowie Nachteile der Software PowerPoint und sind als nicht abschliessend zu betrachten.

4.1 Vorteile von PowerPoint

Als Vorteil kann die digitale Übermittlung genannt werden. Durch den geringen Papierverbrauch gilt die PowerPoint-Präsentation als umweltfreundlich und umweltschonend. Dank den vielen Eigenschaften von PowerPoint können Textinhalte, Bilder, Videos und Illustrationen strukturiert und schnell übermittelt werden. Weitere Vorteile sind die strukturierten Vorlagen sowie die digitale Bearbeitung. Ebenfalls können die PowerPoint-Präsentationen unabhängig der Zuhörermenge eingesetzt werden, beispielsweise bei Messen, Kurzpräsentationen oder Aktionärsversammlungen vor mehreren hunderten Menschen.[38] Abschliessend kann als weiterer Vorteil erwähnt werden, dass die Möglichkeit einer nachträglichen Bearbeitung, Änderungen oder Optimierung besteht.[39]

4.2 Nachteile von PowerPoint

Mit einer PowerPoint-Präsentation besteht die Gefahr zu vergessen, was der Mittelpunkt der Präsentation ist. Eine PowerPoint-Präsentation dient als Unterstützung, und stellt die Vorstellung der Präsentation an sich nicht in den Hintergrund. Oftmals werden bei einer Präsentation die Fensterjalousien verschlossen und die Helligkeit verringert. Dies führt jedoch dazu, dass sich die

---

[38] Vgl. Seifert (2018), S. 11
[39] Vgl. Smith (2020)

Zuhörer entspannen und die Konzentration verlieren. Ausserdem ist es aus Sicht der präsentierenden Person trügerisch, sich nur auf die Technik zu verlassen, da sie hinsichtlich Lesbarkeit, Animation sowie Grösse der Leinwand mit der Präsentation abgestimmt werden muss. Vorgängig ist es wichtig, sich mit der Handhabung des Programms PowerPoint auseinandersetzen. Der sogenannte rote Faden der Präsentation sollte stets ersichtlich bleiben und nicht durch unnötige oder zu häufige Spezialeffekte verloren gehen. Hochwertige Kenntnisse sind wichtig, um das Hilfsmittel PowerPoint zu nutzen. Beispielsweise sollte man sich vorgängig informieren, wie man den Laser-Pointer bedient, den Präsentationsmodus anwendet oder einzelne Textpassagen markiert.[40]

Um diesen Nachteilen entgegenwirken oder sie gar eliminieren zu können, ist es wichtig, auch Alternativen zur PowerPoint zu kennen und anwenden zu können. Aus diesem Grund werden anschliessend drei Möglichkeiten erläutert, welche PowerPoint ersetzen oder unterstützten können.

4.3   Alternativen von PowerPoint

Als Alternativen zur PowerPoint werden in diesem Kapitel das Flipchart, die freie Rede und das Storytelling vorgestellt.

4.3.1   Flipchart

Für Präsentationen in kleineren Gruppen eignet sich besonders eine Flipchart. Für dynamische Workshops und Brainstorming-Angelegenheiten ist es eine beliebte Präsentationstechnik, da man auf der sogenannten grünen Wiese beginnen kann und auf keine Einschränkungen achten muss. Skizzen, Illustrationen und Stichworte lassen sich schnell aufzeichnen oder malen.[41] Eine wichtige Eigenschaft des Flipcharts ist, dass es den Präsentator zwingt, die eigenen Aussagen zu reduzieren und auf den Punkt zu bringen. Handgestrickte Strukturbilder sind ausserdem schnell gemacht, werden verstanden und wirken zusätzlich dynamisch für den Zuhörer. Als Vorteile können die einfache Handhabung, der variable Einsatz sowie die vielseitige

[40] Vgl. Redemund (2020)
[41] Vgl. Landsiedel (2020)

Platzierbarkeit genannt werden. Als Nachteil gelten der hohe Papierverbrauch sowie die vergleichsweisen teuren Anschaffungskosten.[42]

4.3.2 Freie Rede

Als Alternative zu PowerPoint gilt auch die freie Rede. Bei dieser Präsentationstechnik geht es darum, das Publikum mit einer emotionalen Rede anzusprechen, weshalb diese oft bei Feierlichkeiten oder bei politischen Diskussionen zur Anwendung kommt. Ein guter Start erfolgt mit einer provokanten Aussage oder Frage. Mit Anekdoten kann der freien Rede die nötige Ernsthaftigkeit und Unterhaltungswert beigefügt werden. Als Vorteil kann die kurze Vorbereitungszeit, die nicht notwendige Technik und die Interaktion mit dem Publikum genannt werden. Die freie Rede kann jedoch nicht bei jedem Publikum (bspw. Aktionärsversammlung) angewendet werden, weil nicht immer ein passender Rahmen gegeben ist. Die grössten Fehler sind dabei, eine rhetorische Perfektion anzustreben, weil für komplizierte Sätze gar keine Zeit bleibt. Abschliessend ist zu erwähnen, dass Sprechpausen, -fluss und Lautstärke die gemachten Aussagen unterstützen.[43]

4.3.3 Storytelling

Storytelling, was mit «Geschichten erzählen» übersetzt werden kann, ist eine beliebte Methode, bei der durch den Einsatz von Geschichten oder Stories verschiedene Informationen vermittelt werden. Denkt man an die eigene Kindheit, stellt man schnell fest, wie sehr man sich an die erzählten Geschichten erinnert. Heutzutage ist es bei vielen Expertentagungen oder im Marketing ein gebräuchliches Mittel, mit dem sogenannten «Storytelling» in Erinnerung zu bleiben. Unabhängig der Altersgruppe kann diese Alternative zur PowerPoint-Präsentation angewendet werden, weil Emotionen angesprochen werden. Zusammenhänge können so spielerisch und kinderleicht dargestellt werden. Gleichzeitig bleiben diese im Kopf und regen zu eigenen Gedanken an.[44]

---

[42] Vgl. Arnold/Bänziger (2018), S. 62
[43] Vgl. Arnold / Bänziger (2018), S. 53
[44] Vgl. Landsiedel (2020)

5   Quellen- und Literaturverzeichnis

- Arenberg, P. (2015), Kreativitäts- und Präsentationstechniken, 4. Aufl., Studienbrief der SRH Fernhochschule, Riedlingen.

- Arnold, M. / Bänziger, R. (2018), Rhetorik im Internet-Zeitalter, Schaffhausen: Eigener Verlag.

- Becker, J.H. / Ebert, H. / Pastoors, S. (2018). Praxishandbuch berufliche Schlüsselkompetenzen, 1. Aufl., Berlin/Heidelberg: Springer.

- Brede, G. (2008). Präsentieren, reden und begeistern. Erfolgreich und souverän in Besprechungen, Meetings und Konferenzen, 1. Aufl., Redline Verlag.

- Fleig, J. (2020). Handout erstellen - Bedeutung, Zweck und Merkmale eines Handouts. Abgerufen am 01.12.2020. Abgerufen unter https://www. business-wissen.de/hb/bedeutung-zweck-und-merkmale-eines-handouts/

- Hüttmann, A. (2018), Erfolgreiche Präsentationen mit PowerPoint. Mit wertvollen Tipps und Tricks, Springer Fachmedien, Wiesbaden.

- Ionos (2018). «Was ist Brainstorming und wie funktioniert es?». Abgerufen am 01.12.2020. Abgerufen unter https://www.ionos.de/startupguide- /produktivitaet/brainstorming/

- Kawasaki, G./Fitzpatrick, P. (2014), The art of social media. Power tips for power users, New York.

- Kushner, M. L., Thomas, M. & Peyton, C. (2019). Erfolgreich präsentieren für Dummies, 4., überarbeitete und aktualisierte Auflage

- Krist, S. / Noll, K. / Pick, R. / Pielstick, A. / Sayeed, S. / Schmid, L. / Schneider, M. (2015), PowerPoint-Präsentationen – Gute Hochschullehre: Eine evidenzbasierte Orientierungshilfe. Springer Berlin, Heidelberg

- Landsiedel NLP Training (2020). Präsentationstechnik. Abgerufen am 01.12.2020. Abgerufen unter https://www.landsiedel-seminare.de/rhetorik/praesentationstechnik.html#flipchart

- Medina, J. (2013). Gehirn und Erfolg. 12 Regeln für Schule, Beruf und Alltag (Spektrum-Akademischer-Verlag-Sachbuch, Unveränderter Nachdruck. Heidelberg: Springer Spektrum.

- Müller, J. (2020). Impulse Medien GmbH: Personalführung & Brainstorming. Abgerufen am 01.12.2020. Abgerufen unter www.impulse.de/management/-personalfuehrung/brainstorming/4055176.html?conversion=ads

- Redemund, M. (2020). Vor- und Nachteile der PowerPoint Präsentation. Abgerufen am 01.12.2020. Abgerufen unter https://www.experto.de/businesstipps/vor-und-nachteile-der-powerpoint-praesentation.html

- Renz, K.-C. (2016), Das 1 x 1 der Präsentation. Für Schule, Studium und Beruf, 2. Aufl., Springer Fachmedien, Wiesbaden.

- Saas, E. (2019). Mitarbeitermotivation, Mitarbeiterbindung - Was erwarten Arbeitnehmer, Wiesbaden: Gabler/Springer.

- Schawel, C. / Billing, F. (2014). Top 100 Management Tools. Wiesbaden: Gabler/Springer.

- Smith, B. (2020). 50 effektive PowerPoint-Präsentationstipps. Abgerufen am 01.12.2020. Abgerufen unter https://business.tutsplus.com /de/articles/37-effective-powerpoint-presentation-tips--cms-25421

- Thiele, A. (2010), Wie Manager überzeugen. Ein Coaching für Ihre externe Kommunikation, 2. Aufl., FAZ Institut; Frankfurter Allgemeine Buch, Frankfurt am Main.

- Wolf, E. / Zerres, C. (2017). Handbuch Marketing-Controlling, Wiesbaden: Gabler/Springer.

BEI GRIN MACHT SICH IHR WISSEN BEZAHLT

- Wir veröffentlichen Ihre Hausarbeit,
  Bachelor- und Masterarbeit

- Ihr eigenes eBook und Buch -
  weltweit in allen wichtigen Shops

- Verdienen Sie an jedem Verkauf

Jetzt bei www.GRIN.com hochladen und kostenlos publizieren